Pour Sann & Hugo
Carl

Pour Apolline
Claude

Première publication dans la collection
« Petite bibliothèque de l'école des loisirs », 2004
Loi numéro 49 956 du 16 juillet 1949 sur les publications
destinées à la jeunesse : février 2004
Dépôt légal : décembre 2008
Imprimé en France par Clerc à Saint-Amand-Montrond
ISBN : 978-2-211-07349-3

L'île aux câlins

Texte de Carl Norac
Illustrations de Claude K. Dubois

Petite bibliothèque de l'école des loisirs
11, rue de Sèvres, Paris 6e

Aujourd'hui, Lola va rester seule à la maison…
… pour la première fois. Maman lui fait son câlin préféré.

« Si tu te sens seule », lui dit Papa à l'oreille,
« tu peux aller chez la voisine. »

Dès que Papa et Maman sont sortis, Lola pense déjà :
« Ici, il n'y a plus personne pour me faire un câlin…
Et moi, je n'aime pas la voisine ! »

« Même à la télé, dans les dessins animés,
personne ne pense à se câliner. »

« Que faire ? » se demande Lola. « Je ne vais pas bouder :
il n'y a personne pour me regarder. »

Soudain, Lola a une idée :
« Je vais apporter ici tout ce qui est doux
et je vais construire mon île aux câlins. »

Une couverture, un oreiller, c'est doux.

Les seaux et les balais, pas doux !

Le papier rose et blanc, c’est doux.

Les casseroles, pas doux du tout.

Dans la cuisine, tout colle.
Plus rien de doux.

Les serviettes de bain ?
C'est câlin.

La poubelle, ça pue et c'est pas doux.

Le dinosaure en peluche rose, il est moche
mais qu'est-ce qu'il est doux !

« Ça alors ! » s'écrient
Papa et Maman.
Au milieu du désordre,
ils finissent par voir
une boule de fourrure
endormie.

« Bienvenue sur mon île aux câlins ! »
s'écrie Lola en se réveillant.

Lola se fait gronder. Elle doit tout ranger.
C'est dur de ranger. Ça dure de ranger !

Papa et Maman sont déjà moins fâchés.
« Nous allons t'aider, Lola ! »

« Maintenant, je n'ai plus d'île… » dit Lola.
« Mais nous sommes là, mon cœur, tout près de toi. »

Lola n'arrive pas à s'endormir.
Ce soir, son lit n'est pas assez doux,
pas assez chaud.

Alors elle a une nouvelle idée.
Sur le bout des pattes, elle se glisse en silence
hors de sa chambre…

« L'île aux câlins, cette nuit, c'est ici. »